DANKSAGUNG

An Mama, Papa und Pia, die mich ermutigt haben, an Opa,
der mir beigebracht hat, wie man Zwiebeln schneidet

Mein Dank gilt Ralph Burkart von MYBLUEPLANET
für die sorgfältigen CO_2-Berechnungen der
Rezepte sowie der kritischen Durchsicht aller Inhalte.
Danke auch an den Friedrich Reinhardt Verlag, besonders an Freddy,
der mir blind vertraute, mich die letzten
Monate mit bester Laune begleitet hat und schlussendlich
die Umsetzung dieses Buches ermöglichte.
An alle, die meine Rezepte probierten, ohne zu wissen,
dass ich das Kochbuch konzipierte.

SAISONAL & REGIONAL

52 MEATLESS MONDAY-REZEPTE

Von Alessandra W.

Impressum
Alle Rechte vorbehalten
© 2021 Alessandra W. und Friedrich Reinhardt Verlag, Basel
Gestaltung: Siri Dettwiler
Übersetzung aus dem Englischen: Daniel Lüthi
Coverdesign: Tanya Leontyeva
Text & Rezepte: © Alessandra W.
Rezept-Fotos: © Alessandra W.
Portrait: © 2019 Guy Wolff, Luxemburger Wort – all rights reserved (www.luxor.li)
CO_2-Werte der Rezepte: Eaternity, App, Juni 2021 (http:/app.eaternity.ch)
CO_2-Wert einer konventionellen Portion: Eaternity (https://eaternity.org/meals/)
Übrige Zahlen und Fakten: Greenpeace
ISBN: 987-3-7245-2501-1

Der Friedrich Reinhardt Verlag wird vom Bundesamt für Kultur mit einem
Strukturbeitrag für die Jahre 2021–2024 unterstützt.

www.reinhardt.ch

EINFÜHRUNG

❖ Die Geschichte hinter einem Stück Fleisch

DAS KOCHBUCH

❖ Meatless Mondays: 52 sättigende und nachhaltige Rezepte,
die sich einfach kochen lassen

KOSTBARE MOMENTE

Ein Besuch beim Bauernmarkt, ein verlockender Geruch aus der Küche und frisch gemachte Gerichte auf dem Esstisch – dies sind Freuden, von denen wir uns in einer immer schnelllebigeren Welt leicht ablenken lassen. Die aktuellsten Food-Trends aus aller Welt sind sofort erhältlich und auf der Suche nach dem Neuen übersehen wir oft, wie wertvoll es sein kann, lokale und saisonale pflanzenbasierte Produkte zu verwenden.

Wir tendieren dazu, das zu kaufen, wonach wir Lust haben, weil wir es können. Trotz alledem sind unsere nicht allzu nachhaltigen Vorlieben beim Essen die Ursache Nummer 1 der globalen Erwärmung – eine der grössten Herausforderungen der Gesellschaft. Zahlreiche Lebensmittel erzeugen durch ihre Herstellung und ihren Transport enorm hohe Emissionen von Treibhausgasen, doch sie haben auch Auswirkungen auf unser Ökosystem und unsere Ernährungssicherung. Rund 30 % der menschlichen Produktion von Treibhausgasen sind auf unser Ernährungssystem zurückzuführen – und die Fleischbranche ist der grösste Umweltverschmutzer.

Abgesehen von der Devise, eine möglichst grosse Ausbeute mit möglichst wenig Einsatz zu generieren, beginnen die negativen Auswirkungen der Nutztierhaltung bereits am Anfang der Produktionskette. Millionen von Tonnen an Getreide sind nötig, um die Tiere zu füttern: Fakt ist, dass etwa 60 % der Landwirtschaftsflächen unseres Planeten für Tiere verwendet werden. Die Waldabholzung zerstört nicht nur den Lebensraum für Wildtiere, sondern hinterlässt auch weniger Bäume zum Filtern verschmutzter Luft und zur Aufrechterhaltung des Wasserkreislaufs.

Um die Überbelastung unserer natürlichen Ressourcen zu stoppen, muss die öffentliche Einstellung zur verantwortungslosen Produktion und Konsumierung geändert werden. Das Verbraucherbewusstsein muss erhöht und es müssen Anstrengungen unternommen werden, die Umweltauswirkungen von Lebensmitteln zu reduzieren und weniger nachhaltige Zutaten durch saisonales und lokal bezogenes Gemüse zu ersetzen; Gewohnheiten, die unseren Planeten schützen können.

Viel Spass bei der kulinarischen Reise!

Alessandra

DIE GESCHICHTE EINES STÜCK FLEISCHES

Der weltweite Hunger nach Fleisch hat sich seit 1961 mehr als verdoppelt. Dabei sollte man wissen, dass die Fleischproduktion die Umwelt erheblich belastet, nachweislich durch hohen Landverbrauch und Emissionen von Treibhausgasen, sowie Verbrauch und Verschmutzung von Wasser. Im Folgenden werden die wichtigsten drei Faktoren davon näher angeschaut.

LANDVERBRAUCH

Die zunehmend fleischlastige Ernährung unserer Gesellschaft hat dazu beigetragen, dass 77 % der bewohnbaren Erdoberfläche für die Viehzucht benötigt werden. Für die Produktion einer Kalorie aus Rindfleisch braucht es zehn pflanzliche Kalorien, was den enormen Landbedarf für Weideland oder Anbauflächen für Kraftfutter erklärt. Um Land für Viehzucht zu gewinnen, wird insbesondere auch sehr viel Regenwald gerodet. Der Amazonas zum Beispiel hat bisher 17 % seiner ursprünglichen Fläche verloren, hauptsächlich für die Fleischproduktion. Die Regenwaldrodung bedroht dabei nicht nur die Tierwelt und Biodiversität, sondern auch dessen wichtige Funktion für alle Lebewesen, nämlich die Reinigung der Luft und die Produktion des lebenswichtigen Sauerstoffs, den wir alle zum Atmen benötigen.

TREIBHAUSGASEMISSIONEN

Der Treibhauseffekt ist ein natürliches Phänomen. Er tritt auf, wenn bestimmte Gase, sogenannte Treibhausgase, wie Kohlendioxid (CO_2), Methan (CH_4) oder Lachgas (N_2O), in der Atmosphäre einen Teil der von der Erde reflektierten Sonnenstrahlen einfangen. Der andere Teil der Sonnenwärme wird zurück in den Weltraum reflektiert. Dies ist ein heikles Gleichgewicht: Zu viel Treibhausgase verstärken den Treibhauseffekt und führen zu einer Erwärmung des Klimas. Letzteres hat zahlreiche negative Konsequenzen für Menschen, Pflanzen und Tiere. Leider haben die menschlichen Aktivitäten bereits eine spür- und messbare Klimaerwärmung verursacht. Dabei trägt alleine die Fleischproduktion 10 % zum gesamten menschgemachten Klimawandel bei – weit mehr als jeder andere Lebensmittelsektor. Ein wichtiger Grund dafür ist das Methan, welches bei der Güllewirtschaft und durch die Verdauung vieler Nutztiere entsteht. Noch folgenschwerer sind aber wiederum die Abholzung von Regenwald und anderweitige Landumnutzungen wie die Trockenlegung von Sümpfen. Wälder und Sümpfe enthalten Unmengen an Kohlendioxid und Methan, welche bei deren Zerstörung in die Atmosphäre entweichen.

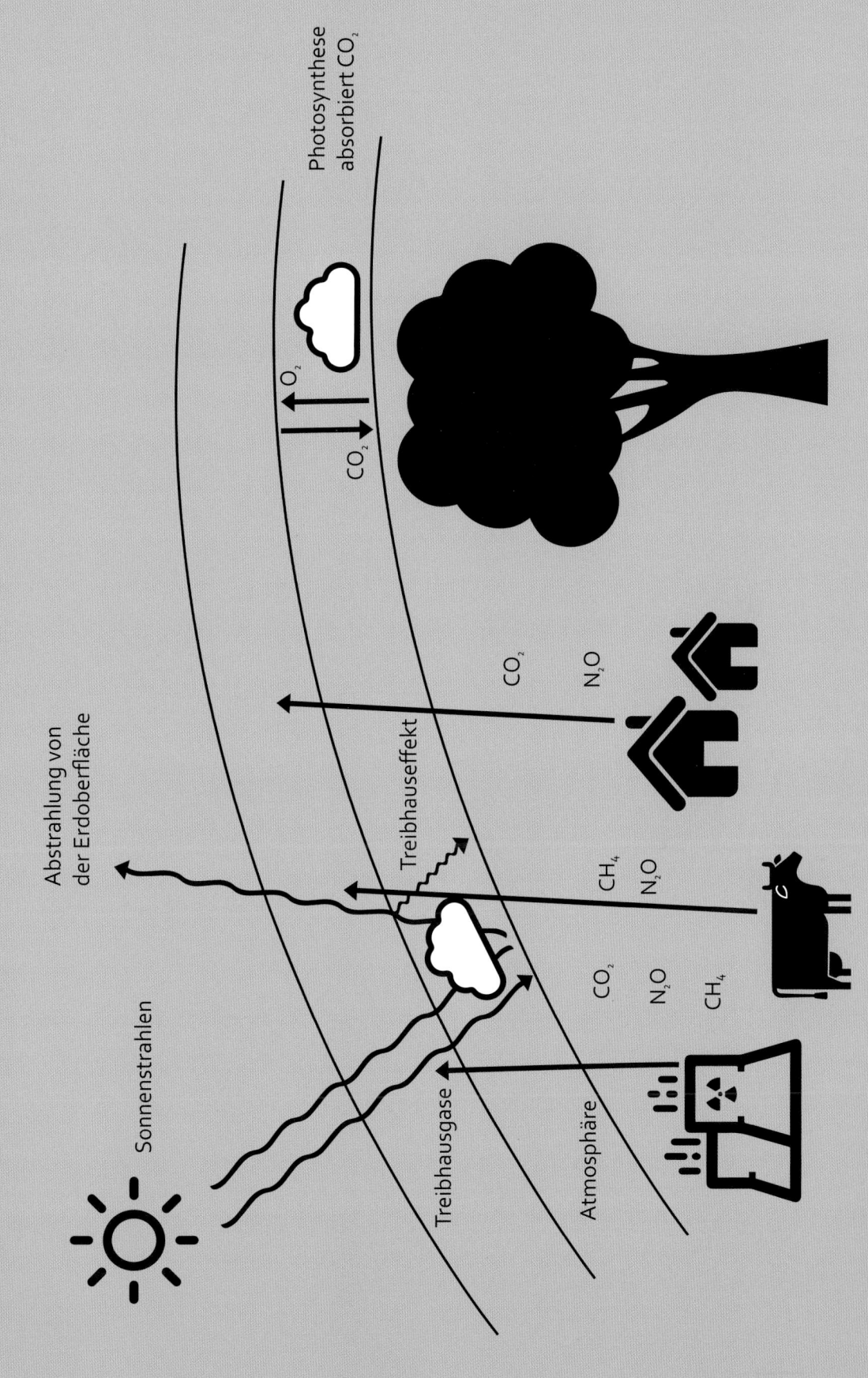

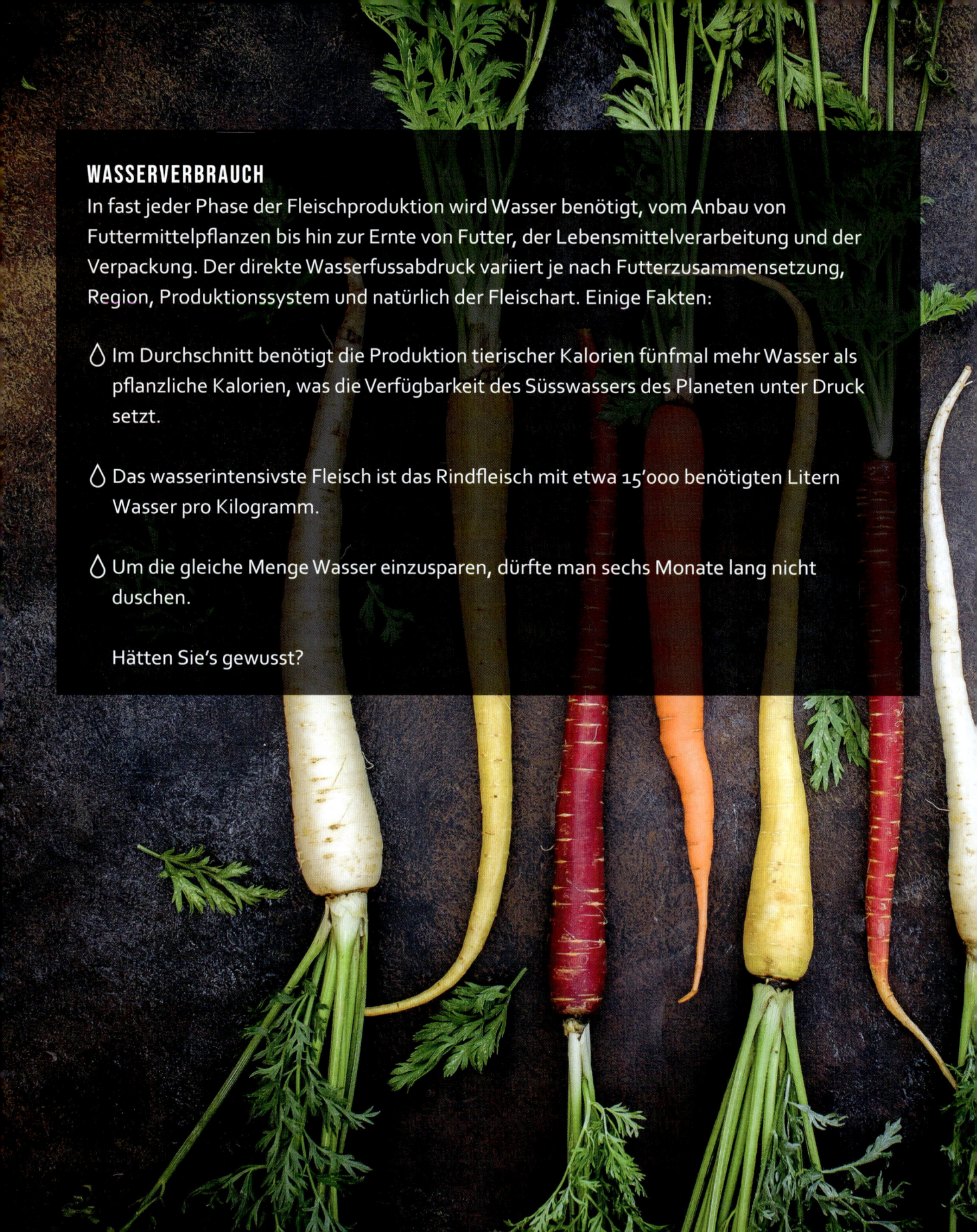

WASSERVERBRAUCH

In fast jeder Phase der Fleischproduktion wird Wasser benötigt, vom Anbau von Futtermittelpflanzen bis hin zur Ernte von Futter, der Lebensmittelverarbeitung und der Verpackung. Der direkte Wasserfussabdruck variiert je nach Futterzusammensetzung, Region, Produktionssystem und natürlich der Fleischart. Einige Fakten:

💧 Im Durchschnitt benötigt die Produktion tierischer Kalorien fünfmal mehr Wasser als pflanzliche Kalorien, was die Verfügbarkeit des Süsswassers des Planeten unter Druck setzt.

💧 Das wasserintensivste Fleisch ist das Rindfleisch mit etwa 15'000 benötigten Litern Wasser pro Kilogramm.

💧 Um die gleiche Menge Wasser einzusparen, dürfte man sechs Monate lang nicht duschen.

Hätten Sie's gewusst?

GRUNDSÄTZE FÜR EINE KLIMAFREUNDLICHE ERNÄHRUNG

Unsere Ernährung wird nicht nur das Klima beeinflussen, sondern der Klimawandel auch unsere Ernährung. Denn dieser bringt neben extremen Temperaturen auch heftiger werdende Unwetter und knapper werdendes Süsswasser mit sich. Dies alles setzt der Landwirtschaft zu und gefährdet unsere Ernährungsgrundlage. Doch mit dem Befolgen einiger weniger und einfacher Regeln kann diese Entwicklung positiv beeinflusst werden. Beim bewussten Schreiben der Einkaufsliste könnte folgende Richtlinie gelten:

– Weniger Fleisch: Der Verzicht von Fleisch hat bei Weitem den grössten positiven Effekt und hilft, Land, Wasser und Treibhausgasemissionen zu sparen.

– Saisonal: Saisonales Gemüse und Obst stellt die Frische in den Produkten sicher. Weiter werden durch die Beachtung der Saisonalität energieintensive Anbau- und Lagermethoden verhindert (z. B. Gewächshaus, Tiefkühlung). Darüber hinaus steigt die Vorfreude auf die verschiedenen Jahreszeiten mit ihren Spezialitäten.

– Regional: Kürzere Transportwege ermöglichen es, das Obst und Gemüse nach dem Reifeprozess zu ernten, was wiederum die Qualität, Nährstoffe und den Geschmack erhöht. Aufgrund der kleineren Distanz vom Feld auf den Teller sind aber auch weniger Lastwagen und Flieger im Einsatz; Treibhausgase und Schadstoffe werden somit reduziert.

Die saisonalen Rezepte in diesem Buch sind chronologisch nach den Kalenderwochen des Jahres angeordnet und befolgen die obigen Grundsätze mit viel Genuss, Kreativität und Abwechslung. Um die Klimafreundlichkeit der Rezepte objektiv gewährleisten zu können, habe ich bei der Gestaltung der Rezepte eng mit der Schweizer Klimaschutz-bewegung MYBLUEPLANET zusammengearbeitet. Die für die Berechnung verwendeten CO_2-Werte stammen von der auf Lebenszyklusanalysen von Lebensmittel spezialisierten Organisation Eaternity. Jedes Rezept wurde so konzipiert, dass es den Grenzwert von maximal 600 g CO_2 äquivalent pro Person und Mahlzeit nicht überschreitet. Im Vergleich mit einer Durchschnittsmahlzeit wird 1 kg CO_2 weniger verbraucht und entspricht der Einsparung einer Autofahrt von 10 km.

52 REZEPTE FÜR 52 WOCHEN

ZWIEBELSUPPE

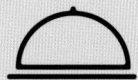 

4 PERSONEN   **461 g/PERSON**

ZUTATEN

50 g pflanzliche Butter

4 mittelgrosse Zwiebeln,
in Streifen geschnitten

3 EL Mehl

1,3 l heisse Gemüsebouillon

1 dl Weisswein

80 g pflanzliche Butter

8 Scheiben Baguette

140 g rezenter Käse, gerieben

4 Stängel frische Petersilie

Backofen auf 220 Grad Celsius vorheizen. In einer tiefen Pfanne Butter schmelzen und die Zwiebeln glasig dünsten. Mit Mehl bestäuben und weiter leicht andünsten. Mit Bouillon und Weisswein ablöschen und köcheln lassen, bis die Zwiebeln weich sind.

Die Brotscheiben in der pflanzlichen Butter goldbraun rösten. In jede Suppentasse eine Scheibe Brot legen, mit Suppe aufgiessen, die zweite Brotscheibe darauflegen und mit Käse bestreuen.

Die Suppentassen in den Ofen stellen und bei 200 Grad Celsius überbacken, bis der Käse zu schmelzen beginnt.

Mit frischer Petersilie servieren.

Beet Wellington

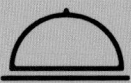 

4 PERSONEN   **220 g/PERSON**

ZUTATEN

1 Stück rechteckiger
Kuchenteig

2 kg Kartoffeln

600 g Süsskartoffeln

1 Zwiebel

2 EL Olivenöl

600 g Randen

30 g Mehl

1–2 EL Meerrettich,
frisch gerieben

2 EL Leinsamen, geschrotet

1 Handvoll frischer Rosmarin

Bratensauce

1 Zwiebel

1 grosse Karotte

100 g Stangensellerie

2 EL schwarze Johannis-
beerkonfitüre

1 TL Pfefferkörner

Die Süsskartoffeln schälen und kochen. Sobald diese weich werden, die Kartoffeln der Länge nach in dünne Scheiben schneiden und beiseitestellen. 2 gelbe Kartoffeln schälen und kochen. Eine halbe Tasse Kartoffelwasser im Topf aufbewahren, Zwiebel und Olivenöl dazugeben und mit einem Stabmixer pürieren.

Die restlichen Kartoffeln ungeschält in Schnitze schneiden, mit Salz und Rosmarin würzen und im Backofen bei 180 Grad Celsius knusprig backen. Als Nächstes die Leinsamen mit 6 EL warmem Wasser vermischen und für 15 Minuten ruhen lassen, bis es bindet.

In der Zwischenzeit die Randen schälen und hobeln, den Randen-Saft auspressen und beiseitestellen. Das Mehl hinzufügen, damit die gehobelten Randen griffiger werden. Grosszügig mit Salz und Pfeffer würzen, den frisch geriebenen Rettich und die Leinsamen hinzufügen und gut mischen. Den Kartoffelstock und die Randen-Mischung vermischen.

Legen Sie ein Backpapier auf ein Backblech, den Teig ausrollen und das obere Rechteck des Teiges mit Süsskartoffelstreifen belegen. Die vorbereitete Randen-Füllung in der Mitte verteilen, die Ränder mit Wasser bestreichen und den Strudel schliessen. Die Ränder leicht festdrücken. Zum Schluss noch den Strudel mit Wasser bepinseln und bei 180 Grad Celsius für 40 Minuten backen.

Bratensauce
Zwiebel, Karotte und Sellerie fein schneiden, in einer Pfanne leicht in Öl anrösten, mit 1 dl Wasser ablöschen. Konfitüre, Randen-Saft und Pfefferkörner untermischen und kurz einkochen lassen. Zum Schluss mit dem Mixstab pürieren und mit Salz und Pfeffer abschmecken.

Mit frischem Rosmarin servieren.

BURGER

PERSONEN 4   **411 g/PERSON**

ZUTATEN

200 g rote Kidneybohnen, getrocknet

200 g Hirse

2 Süsskartoffeln

1 Zwiebel, fein gehackt

1 Prise Salz & Pfeffer

1 TL Paprikapulver

3 Stiele frische Petersilie

4 EL Mehl

2 EL Olivenöl

4 Brötchen

4 Blätter Salat

1 Tomate

4 Scheiben Käse nach Wahl

Bohnen und Hirse nach Packungsanleitung zubereiten.

Backofen auf 180 Grad Celsius vorheizen.

Süsskartoffeln in Stücke schneiden und für 10 Minuten (oder bis sie weich sind) backen.

Alle drei Zutaten in eine Schüssel geben. Zwiebeln und Gewürze hinzufügen. Mit einem Stabmixer pürieren, bis die Mischung glatt ist.

Etwas Mehl auf einen Teller und auf Ihre Hände geben, um die Mischung zu Burger-Patties zu formen.

In einer grossen Bratpfanne Öl erhitzen und die Patties bei niedriger Hitze hineinlegen. 15 Minuten lang auf jeder Seite braten, bis sie gar und goldbraun sind. In einem Brötchen mit Ihren Lieblingszutaten servieren.

GEFÜLLTE ZWIEBELN

4 PERSONEN · 340 g/PERSON

ZUTATEN

12 mittelgrosse Zwiebeln
(rot oder weiss)

Eine oder alle drei Füllungen
vorbereiten – jede davon passt
in eine Zwiebel

Füllung #1 pro Person

3 TL zerkrümelter Ziegenkäse

5 schwarze Oliven, entkernt und
halbiert

2 sonnengetrocknete
Tomaten, fein gehackt

Alles mixen und in Zwiebel
füllen.

Füllung #2 pro Person

50 g Dinkel oder brauner Reis,
nach Anleitung gekocht

2 Stiele frischer Schnittlauch

⅓ Lauchstange, in dünne Ringe
geschnitten und für 2 Minuten in
Olivenöl angebraten

Ein paar Rosinen und
Pinienkerne

Füllung #3 pro Person

1 mittelgrosse Kartoffel in
kochendem Salzwasser weich
kochen, abkühlen lassen, und
mit ein wenig Kartoffelwasser,
Prise Muskatnuss und Salz
pürieren.

½ rote Peperoni, fein gehackt,
in Olivenöl angebraten und mit
Salz und Pfeffer gewürzt

Backofen auf 180 Grad Celsius vorheizen.

Äusserste Schicht der Zwiebeln entfernen. Einen Deckel wegschneiden und den Boden so kappen, dass die Zwiebeln gerade stehen können. Das Innere der Zwiebeln vorsichtig mit einem Messer oder einem Löffel entfernen. Zwiebeln in einem Topf mit Wasser bedecken und zum Kochen bringen. Für 8 bis 10 Minuten (oder bis die Zwiebeln gar sind) kochen.

Zwiebeln mit gewünschter Füllung füllen und auf einem Backblech für 20 bis 25 Minuten im Backofen bei 180 Grad Celsius backen.

WIRZROULADE

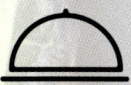

4 PERSONEN

266 g/PERSON

ZUTATEN

1 grosser Wirz

1 kg Süsskartoffeln

1 TL Salz

1 Prise Pfeffer

1 TL Paprikapulver

1 TL Koriander, gemahlen

3 EL Ajvar

3 Schalotten

600 ml Tomatenpassata

100 ml Naturejoghurt

Zahnstocher

Backofen auf 200 Grad Celsius vorheizen.

Die Süsskartoffeln in Stücke schneiden und für ca. 20 Minuten backen, bis diese weich sind.

Die Kartoffelstücke in eine grosse Schüssel geben, Salz, Pfeffer, Paprikapulver und Koriander hinzufügen und pürieren. Zu Schluss das Ajvar runterühren und mit fein gehackten Schalotten mischen.

Die Wirzblätter in einem grossen Topf mit Wasser zum Kochen bringen und köcheln, bis sie weich werden, anschliessend mit kaltem Wasser abschrecken.

Die Blätter jeweils mit der Füllung füllen und zu Paketen formen. Am besten mit einem Zahnstocher zusammenstechen, damit es zusammenhält.

Die Tomatenpassata mit dem Joghurt verühren, in eine backfeste Form geben die Rouladen einlegen und für ca. 20 Minuten backen.

ARTISCHOCKENPIZZA

4 PERSONEN   **359 g/PERSON**

ZUTATEN

TEIG
750 g Mehl

1 TL Salz

15 g Hefe, zerbröckelt

3 EL Olivenöl

4 dl lauwarmes Wasser

TOPPINGS
2 grosse blaue Kartoffeln

1 EL Olivenöl

350 g Tomatensalsa

12 Artischockenherzen

Frische Basilikumblätter

Salz & Pfeffer

4 TL Chiliöl

TEIG
Das Mehl, Salz und die Hefe in einer Schüssel mischen. Das Öl und Wasser hinzugeben und gut kneten, bis ein glatter Teig entsteht. Ein Küchentuch über die Schüssel geben und Teig ca. 1 Stunde bei Zimmertemperatur aufgehen lassen.

In der Zwischenzeit die Kartoffeln waschen, in Stücke schneiden und im Backofen bei 220 Grad Celsius backen. Mit einem Pürierstab verarbeiten und ein wenig Olivenöl einrühren.

Die Küchenfläche mit Mehl bestäuben und den Teig in 4 gleichmässige Pizzen formen. Die blaue Masse auf die Pizza dünn aufstreichen, gefolgt von einer dünnen Schicht Tomatensalsa und den Artischockenherzen.

Im Backofen bei 220 Grad Celsius für ca. 20 Minuten backen lassen und mit Chiliöl, Basilikumblättern und Salz & Pfeffer anrichten.

ROTE-KIDNEYBOHNEN-EINTOPF

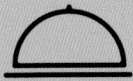
4 PERSONEN

543 g/PERSON

ZUTATEN

1 grosse Zwiebel

1 Knoblauchzehe

1 EL Kreuzkümmel

1 rote Chilli

1 EL Ghee

1 TL rote Paprikapulver

1 Prise Cayennepfeffer

1 TL Kardamom

1 Prise Salz

400 g Tomatenpassata

200 g Tomaten, gehackt aus der Dose

300 g Naturejoghurt

500 g rote Kidneybohnen (Abtropfgewicht)

3 TL getrockneter Basilikum

BEILAGENSALAT

400 g Nüsslisalat

3 EL Olivenöl

8 EL Balsamico

1 TL Senf

1 TL Honig

Salz & Pfeffer

Zwiebeln, Knoblauch und Chili in einer Küchenmaschine zu einer groben Paste mixen.

Ghee in einer tiefen Pfanne erhitzen und die Zwiebelmischung für 5 Minuten unter gelegentlichem Rühren braten. Würzen, Tomaten hinzugeben und zum Kochen bringen. Pfanne vom heissen Herd nehmen und Joghurt langsam hineinrühren. Vorsicht: Wenn die Pfanne noch zu heiss ist, wird das Joghurt sich trennen und säuerlich schmecken – das Gericht wäre nicht mehr geniessbar.

Alles wieder bei mittlerer Hitze erwärmen, Bohnen hinzugeben und köcheln lassen, bis alles eindickt. Mit getrockneten Kräutern servieren.

SALAT

In einem Glas, Olivenöl, Balsamico, Senf, Honig, Salz & Pfeffer gut verrühren und unter den Nüsslisalat geben.

CREAMY PASTA

4 PERSONEN

554 g/PERSON

ZUTATEN

1 grosse Zwiebel

1 EL Butter

1 Dose geschälte Tomaten (400 g)

2 Pfefferoni, scharf

250 ml Rahm

1 Prise Salz

1 Knoblauchzehe

600 g Pasta

Frischer Basilikum

Die Zwiebel fein hacken und in der Butter bei mittlerer Hitze anschwitzen. Die Tomaten und zwei Chilischoten zugeben und 30 bis 45 Minuten köcheln lassen. Rahm, Salz und gehackten Knoblauch hinzufügen. In der Zwischenzeit die Nudeln nach Packungsanweisung kochen. Chilischoten entfernen und alles zusammen servieren.

PASTINAKEN-GRATIN

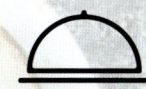 

4 PERSONEN **400 g/PERSON**

ZUTATEN

1 Knoblauchzehe

20 g pflanzliche Butter

1 Zwiebel, fein gehackt

1 EL frischer Thymian

1,2 kg mehlige Kartoffeln, gekocht und geschält

400 g Pastinaken

700 ml Milch

5 TL Senf

1 Prise Salz & Pfeffer

Backofen auf 180 Grad Celsius vorheizen.

Den Knoblauch halbieren und eine Backform mit Knoblauch einfetten. Butter in einem Topf schmelzen und Zwiebeln und Thymian darin andünsten.

Kartoffeln und Pastinaken in 2 mm dünne Scheiben schneiden. In die Pfanne geben und 5 Minuten anbraten. Nach und nach den Senf in die Milch rühren, bevor Sie sie in den Topf giessen. Zum Kochen bringen und für ein paar Minuten auf mittlere Hitze weiter köcheln lassen.

Grosszügig mit Salz und Pfeffer würzen und die Mischung in die Backform geben. Im Backofen ca. 50-55 Minuten bei 180 Grad Celsius backen.

KAROTTEN-SPAGHETTI

4 PERSONEN   220 g/PERSON

ZUTATEN

2 EL Olivenöl

2 kleine Zwiebeln, rot

500 g Gerste

1 dl Rotwein

2 EL Tomatenpüree

2 TL Preiselbeerkonfitüre

1 l Gemüsebouillon

1 kg lange Karotten

Olivenöl in einer grossen Pfanne erhitzen und Zwiebeln anschwitzen. Gerste hinzugeben und auf niedriger Flamme köcheln lassen. Mit etwas Rotwein ablöschen, umrühren und dann Tomatenpüree und Preiselbeerkonfitüre hinzufügen. Bouillon beigeben, zum Kochen bringen und dann für 30 bis 40 Minuten köcheln lassen, bis die Gerste weich ist.

Falls nötig etwas Maisstärke dazugeben. Während die Sauce am Köcheln ist, Karotten schälen und mit einem Spiralschneider oder Gemüseschäler in lange, spaghetti-förmige Nudeln schneiden. Die Nudeln können roh verwendet oder in einer Pfanne mit Olivenöl angeschwitzt werden.

Nudeln und Sugo zusammen servieren.

ROYAL PIE

4 PERSONEN   **327 g/PERSON**

ZUTATEN

KARTOFFELSTOCK

500 g Kartoffeln, mehlig

**2 dl Kartoffelwasser
aufbewahren**

1 TL Butter

1 Prise Muskatnuss

1 Prise Salz

LINSENMIX

200 g grüne Linsen

1 EL Olivenöl

**1 Knoblauchzehe,
klein gehackt**

50 g Champignons

**100 g Karotten,
in kleine Würfel geschnitten**

80 g Erbsen

1 TL Salz

1 TL Maisstärke

1 Eigelb

1 Prise Pfeffer

KARTOFFELSTOCK

Die Kartoffeln in kochendem Salzwasser weich kochen. Circa ein Glas Kartoffelwasser zur Seite stellen. Die Kartoffeln abkühlen lassen, schälen und in kleinere Stücke schneiden. Anschliessend Butter, Muskatnuss, Salz und das Kartoffelwasser beifügen und pürieren, bis alles cremig ist. Zur Seite stellen und den Backofen auf 180 Grad Celsius vorheizen.

LINSENMIX

Grüne Linsen waschen und kochen. Beiseitestellen. Öl auf mittlerer Stufe in einem grossen Topf erhitzen. Knoblauch und gehackte Champignons beifügen und für 5 Minuten bei mittlerer Hitze garen. Nicht anbrennen lassen. Karotten und Erbsen in zwei separaten Töpfen bissfest kochen. Beides in einen Topf mit den Pilzen geben, Linsen dazufügen. Mit Salz und Pfeffer würzen. Maisstärke mit etwas Wasser in einer kleinen Schüssel aufschäumen. Zum Gemüse geben. Das Eigelb zugeben und unterrühren. Einen Backring auf ein mit Backpapier belegtes Backblech geben. Mixtur in den Ring füllen, Oberfläche mit einem Löffel aufrauen und den Kartoffelstock löffelweise darauf häufen. Für 30 Minuten im Backofen backen, bis der Kartoffelstock eine leichte Kruste bekommt und goldbraun ist.

Spinat-Strudel

4 PERSONEN **587 g/PERSON**

ZUTATEN

500 g Filoteigteig

1 kg frischer Spinat

200 g Fetakäse

½ grosse Zwiebel

1 grosse Knoblauchzehe

2 Eier

1 Prise Salz & Pfeffer

1 Prise Muskatnuss

50 ml Rapsöl

10 g pflanzliche Butter

Backofen auf 180 Grad Celsius vorheizen.

Spinat waschen und abtropfen lassen. In einer Schüssel mit Feta-würfeln, Zwiebeln und Knoblauch gut mischen, bis alles miteinander vermengt ist. Mit Salz, Pfeffer und Muskatnuss würzen, die beiden Eier dazurühren.

Filoteig auf einem Backblech ausrollen und Olivenöl zwischen jede Filo-Schicht streichen. Spinatfüllung gleichmässig in einer dicken Linie in der Mitte des Teigs ausbreiten und auf jeder Seite 10 cm Rand freilassen. Die freien Seiten einfalten und das Ganze zu einem schönen Strudel formen. Falls die Filoteigpackung kein eigenes Backpapier hat, den Strudel auf einem Küchentuch zubereiten und Backblech mit einem Backpapier belegen.

Etwas Butter in einer kleinen Grillpfanne schmelzen und über den Strudel verteilen. Mit einem Messer ein oder zwei Einschnitte oben auf dem Strudel machen, sodass der Dampf entweichen kann.

Für 25 Minuten bei 180 Grad Celsius im Ofen backen. Strudel an-schliessend für weitere 10 Minuten im Backofen lassen, bis er goldbraun und knusprig ist. Um zu verhindern, dass die obersten Filoblätter während des Backens anbrennen, diese nach der halben Backzeit mit einer Alufolie bedecken.

KAROTTEN-INGWER-SUPPE

4 PERSONEN   **461 g/PERSON**

ZUTATEN

1 kg Karotten

50 g Ingwer

1 L Gemüsebouillon

4 Nelken

1 Zimtstange

2–3 Prisen Muskatnuss

1 Prise Salz & Pfeffer

2 TL Honig

250 g Sauerrahm

1 grosse Orange

3 Stiele frische Petersilie

3 Brötchen als Beilage

Karotten und Ingwer schälen, in kleine Stücke schneiden und in der Gemüsebouillon kochen, bis sie weich sind. Gewürze dazugeben und alles pürieren. Honig hinzugeben. Orangensaft und die Hälfte des Rahms dazugeben. Gut mischen, mit dem Rest des Rahms und der Petersilie garnieren und zusammen mit dem Brot servieren.

14

ORIENTAL POT

4 PERSONEN **452 g/PERSON**

ZUTATEN

120 g grüne Linsen

100 g Basmati-Reis

50 g Kichererbsen, getrocknet

1 TL Kreuzkümmel

1 TL Koriander

½ TL Zucker

½ TL Zimt

2 kleine Zwiebeln

1 TL Mehl

1 TL Sonnenblumenöl

2 EL Rosinen

300 g Wirz

1 EL Öl

½ Zwiebel

50 ml Mandelmilch

Salz & Pfeffer

30 g Nährhefe

Linsen, Reis und Kichererbsen separat nach Anleitung kochen und zur Seite stellen.

Öl in Pfanne auf niedriger Flamme erhitzen und Kreuzkümmel- sowie Koriandersamen während 1 bis 2 Minuten leicht rösten. Reis dazugeben, mit Zimt und Zucker würzen und alles gut mischen. Linsen und Kichererbsen hinzufügen, und, wenn Sie möchten, eine Handvoll Rosinen. Gut mischen und in eine grosse Servierschüssel geben.

Zwiebeln schälen und in 1 cm dicke Ringe schneiden. Eine Schüssel mit Mehl vorbereiten und die Zwiebelringe mehlen, bis sie vollständig bedeckt sind.

Sonnenblumenöl in einer tiefbodigen Pfanne erhitzen und die Ringe einzeln ins heisse Öl geben. Etwa 5 Minuten oder bis sie goldbraun sind backen. Temperatur falls nötig reduzieren, damit die Ringe nicht anbrennen. Sobald fertig, die Zwiebelringe herausschöpfen und auf Küchenpapier legen, damit es das Öl aufsaugen kann.

WIRZ
Wirz waschen und in dünne Streifen schneiden. In einer Bratpfanne Öl erwärmen, Zwiebelstücke andünsten, Wirz beigeben, mit Mandelmilch aufgiessen, und Salz, Pfeffer und Nährhefe würzen und als Beilage servieren.

15

ZERO WASTE

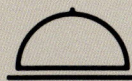 

4 PERSONEN   **239 g / PERSON**

ZUTATEN

**1 kg saisonales Gemüse
Zum Beispiel:
Randen, Karotten,
Kohlrabi, Spargel**

75 ml Olivenöl

1 TL Salz

1 EL Kräuter der Provence

2 TL Senfkörner

1 Prise Pfeffer

Backofen auf 180 Grad Celsius vorheizen.

Gemüse in grosse Stücke schneiden. Auf einem mit Backpapier belegtem Backblech verteilen. Grosszügig Olivenöl darüber verteilen und gut mit Salz, Pfeffer, Kräutern und Senfkörner würzen.

Alles im Ofen je nach Gemüsesorte 20 bis 40 Minuten bei 180 Grad Celsius backen.

16

CHILI SIN CARNE

4 PERSONEN

513 g/PERSON

ZUTATEN

400 g schwarze Bohnen, abgetropft

150 g grüne Linsen

1 EL Olivenöl

1 Zwiebel

300 g Karotten

2 Knoblauchzehen

1 TL Kreuzkümmel, gemahlen

½ TL Chilipulver

2–3 TL Paprikapulver, süss

1 Prise Cayennepfeffer

1 Prise Salz

800 g Tomaten, gewürfelt

1 TL Zucker

200 g Sauerrahm

POMMES

300 g Süsskartoffeln

2 EL Sonnenblumenöl

Meersalz

CHILI

Bohnen und Linsen nach Packungsanleitung vorkochen.
Tipp: Die Bohnen vorher über Nacht einweichen lassen, um Zeit zu sparen.

Olivenöl in einer grossen Pfanne auf mittlerer Stufe erhitzen. Zwiebeln und Karotten dazugeben, bis sie weich werden. Knoblauch und Gewürze hinzufügen und für 5 weitere Minuten sautieren. Tomaten dazugeben und zum Kochen bringen. Zucker dazurühren und für etwa 3 Minuten kochen lassen. Bohnen und Linsen hinzufügen, Hitze reduzieren und für 20 bis 30 Minuten köcheln lassen, bis alles eindickt. Gelegentlich umrühren. Nach Geschmack mit Salz, Pfeffer und Chilipulver würzen.

POMMES

Backofen auf 180 Grad Celsius vorheizen. Süsskartoffeln abschrubben und trocknen, dann in Wedges oder Fries schneiden. Auf ein Backblech geben, mit 1 bis 2 EL Öl beträufeln und mischen, damit sich das Öl verteilt. Salzen und für 30 Minuten bei 180 Grad Celsius backen.

Mit Sauerrahm servieren.

17

SPARGELCANNELLONI

4 PERSONEN **567 g/PERSON**

ZUTATEN

200 g Couscous

500 ml Gemüsebouillon

1 Zitrone

½ TL Zitronenpfeffer

150 g Ricotta

320 g grüner Spargel

250 g Cannelloni-Röhren

BECHAMEL

3 TL Mehl

2 TL Butter

250 ml kalte Milch

1 Prise Salz

1 Prise Zitronenpfeffer

1 Prise Muskatnuss

75 g Parmesan

Backofen auf 180 Grad Celsius vorheizen.
Couscous waschen und in einer grossen Schüssel mit heisser Gemüsebouillon aufgiessen und ziehen lassen.

BECHAMEL-SAUCE

Butter in einem kleinen Kochtopf schmelzen. Mehl dazugeben und umrühren, bis das Ganze zu blubbern beginnt. Vom Herd nehmen und kalte Milch unter ständigem Rühren hinzufügen. Mit Salz, weissem Pfeffer und Muskatnuss würzen. Zurück auf die Herdplatte stellen und die Bechamel-Sauce für 8 bis 10 Minuten köcheln lassen, bis sie dickflüssig ist. Ricotta mit ein paar Tropfen frischem Zitronensaft mischen. Mit Zitronenpfeffer würzen. Spargeln waschen, abtropfen lassen und die Enden abschneiden.

Um die Cannelloni zu füllen, 1 TL Ricotta mit 3 TL Couscous kombinieren und einen Spargel hineinstecken. Die Cannelloni eins nach dem anderen in eine Backform geben, grosszügig mit Bechamel-Sauce und geriebenem Parmesan bedecken.

Für 20 bis 25 Minuten backen.

18

BÄRLAUCH-OMELETTE

4 PERSONEN   **351 g/PERSON**

ZUTATEN

OMELETTE
50 g Bärlauch

200 g Weissmehl

4 Eier

3 dl Milch

1 dl

1 Prise Salz

Öl zum Anbraten

FÜLLUNG
1 Gurke, gross

350 g kleine Tomaten

8 TL Mandelsplitter

100 g Nüsslisalat

4 TL Ponti Crema Aceto Balsamico
(dickflüssiger Balsamico)

Bärlauch waschen und fein pürieren und mit den restlichen Zutaten für die Omeletten in einer Schüssel vermischen und zu einem glatten Teig rühren. In einer Bratpfanne das Öl erhitzen und eine Kelle Teig in die Pfanne geben. Die Hitze reduzieren und das Omelett wenden, wenn es sich von selbst löst.

Die Omeletten mit den Salatzutaten füllen und servieren.

19

RHABARBER-AUFLAUF

2 PERSONEN

399 g/PERSON

ZUTATEN

500 g Rhabarber

½ l Mandelmilch

1 Prise Salz

1 Packung Vanillezucker

50 g brauner Zucker

100 g Hartweizengriess

40 g gemahlene Mandeln

30 g Quark

2 Eier

10 g pflanzliche Butter

10 g Mandelblättchen

Backofen auf 180 Grad Celsius vorheizen.

Rhabarber waschen, schälen und in 3 cm lange Stücke schneiden, ein paar längere Stücke zur Dekoration beiseitelegen. Milch mit Salz in einem Topf zum Kochen bringen, dann Hitze reduzieren. Vanillezucker, Zucker, Hartweizengriess und gemahlene Mandeln hineinrühren. Unter ständigem Rühren wieder zum Kochen bringen und dann für 5 Minuten köcheln lassen. Beiseitestellen. Während die Milch am Kochen ist, Eigelb und Eiweiss trennen. Eiweiss steif schlagen. Eigelb in einer separaten Schüssel schaumig schlagen und mit der Hartweizengriessmischung vermengen, dann den Quark dazugeben und das geschlagene Eiweiss unterheben. Eine Kuchenform mit Butter einfetten. Eine Schicht Rhabarber in die Form geben und den Teig darübergiessen.

Mit den übrigen längeren Rhabarberstücken und einer Schicht Mandelblättchen dekorieren. Im Ofen während 45 Minuten (oder bis der Kuchen fest und leicht knusprig ist) bei 180 Grad Celsius backen.

20

Zucchini-Nudeln

4 PERSONEN

550 g/PERSON

ZUTATEN

PESTO

60 g Pinienkerne

2 Knoblauchzehen

70 g frisches Basilikum

1 Prise Salz

1 Prise Pfeffer

120 ml qualitativ hochwertiges Olivenöl

60 g geriebener Parmesan

NUDELN

1,6 kg Zucchini

ZUM SERVIEREN

1 Handvoll frische Basilikumblätter

50 g Parmesan, gerieben

PESTO

Pinienkerne ohne Öl in einer Pfanne unter ständigem Schwenken rösten, bis sie goldbraun sind. Nach etwa 5 Minuten auf einen Teller geben und abkühlen lassen. Pinienkerne, Knoblauch, Basilikumblätter, Salz und Pfeffer in eine Küchenmaschine geben und mixen, bis alles vermengt ist. Anschliessend Olivenöl und Parmesan dazugeben. Nicht zu hochstufig weiter mixen, sobald die letzten zwei Zutaten hinzugefügt wurden. Das Pesto in ein Glas abfüllen, mit einem Deckel verschliessen und bis zum Servieren im Kühlschrank lagern.

NUDELN

Zucchini waschen, Enden abschneiden, dann die Zucchini (mit Schale) mit einem Spiralschneider in lange Streifen schneiden. Einen Kochtopf etwa 5 cm hoch mit Wasser füllen und ein Abtropfsieb mit den Zucchininudeln auf den Topf stellen. Wasser zum Kochen bringen und die Nudeln für 5 Minuten dämpfen. Die andere Möglichkeit ist, die Nudeln zu sautieren. In einer Bratpfanne Olivenöl über mittlerer Flamme erhitzen, die Zucchininudeln hineingeben und für 2 bis 3 Minuten anbraten, bis sie weich werden, aber noch al dente sind. Anschliessend nur mit Salz würzen und mit Pesto, extra Basilikumblättern und geriebenem Parmesan servieren.

Optional: Frische Tomaten und extra Kräuter dazugeben.

21

ROMANESCO-PLÄTZCHEN

4 PERSONEN

384 g/PERSON

ZUTATEN

1 grosser Romanesco

MANDEL-QUARK-KÜCHLEIN
300 g weiches Dinkelbrot

120 ml pflanzliche Milch

45 g pflanzliche Butter

2 Eier

400 g Ricotta

90 g geriebene Mandeln

Alufolie

Klarsichtfolie

PETERSILIEN-ZITRONEN-SAUCE
½ Zitrone

40 g Dinkelmehl

40 g pflanzliche Butter

200 ml Gemüsebrühe

½ Knoblauchzehe

1 Prise Pfeffer

4 Stiele frische Petersilie

1 EL Zitronensaft

MANDEL-QUARK-KÜCHLEIN
Brot in mundgerechte Stücke schneiden. Milch in einem Topf erhitzen und Brot darin einlegen, bis es die ganze Flüssigkeit absorbiert hat. Butter und Eier dazugeben und für 2 Minuten ruhen lassen. Ricotta hinzufügen und vermengen, bis die Mischung einem Brotteig ähnelt. Mandeln dazugeben.

Teig zu einer 5 cm dicken Rolle formen. Zuerst fest in Klarsichtfolie, dann Aluminiumfolie oder ein Küchentuch einwickeln. Die Enden jeweils mit einem Knoten oder mit Schnur verschliessen.

Einen grossen Topf mit gesalzenem Wasser zum Kochen bringen und die Teigrolle darin für 30 bis 40 Minuten köcheln lassen. Anschliessend auspacken und in Scheiben schneiden.

ROMANESCO
Romanesco waschen und in Röschen schneiden. Wasser mit Salz und einem Tropfen Zitronensaft zum Kochen bringen, Romanesco hineingeben und für 5 Minuten kochen lassen, bis er weich ist. Romanesco in einem Eisbad abschrecken, um die Farbe zu erhalten, dann in einem Abtropfsieb abgiessen.

PETERSILIEN-ZITRONEN-SAUCE
Butter in einem mittelgrossen Topf schmelzen und Zwiebeln darin anschwitzen, bis sie glasig sind. Mehl mit einem Sieb dazugeben, sodass sich keine Klümpchen bilden. Nach und nach Bouillon dazugeben und Hitze erhöhen, um die Sauce einzudicken, dann köcheln lassen. Knoblauch hinzufügen und mit Pfeffer würzen. Mit Petersilie garnieren und einigen Tropfen Zitronensaft verfeinern.

22

SUMMERBOWL

4 PERSONEN **582 g/PERSON**

ZUTATEN

500 g Kichererbsen (Abtropfgewicht)

2 EL Tahini

1 Knoblauchzehe

50 ml Olivenöl

1 Prise Salz & Pfeffer

2 EL Zitronensaft

500 g Tofu

2 grosse Gurken

4 grosse Karotten

1 Prise Salz & Pfeffer

5 EL weisser Balsamico

6 EL Olivenöl

4 EL Sojasauce

2 TL schwarzer Sesam

Kichererbsen abspülen und zusammen mit Tahini, sowie Knoblauch, Olivenöl, Salz, Pfeffer und Zitronensaft in einen Mixer geben und pürieren.

Den Tofu in Würfel schneiden, salzen und in einer Schüssel mit Hummus grosszügig marinieren. In einer Pfanne ein wenig Öl erhitzen und die Tofuwürfel anbraten, bis sie knusprig sind.

Die Karotten und Gurken waschen und mit einem Schäler längs in Streifen ziehen und mit Balsamico, Olivenöl und Salz & Pfeffer zubereiten. In einem Teller anrichten und mit Sojasauce und Sesam anrichten.

23

HIRSEAUFLAUF

4 PERSONEN   **470 g / PERSON**

ZUTATEN

4 Frühlingszwiebeln

4 EL Olivenöl

4 Blätter Salbei

500 g Hirse

800 ml Gemüsebouillon

1 Lorbeerblatt

5 Pfefferkörner

500 g Kohlrabi

250 g Karotten

300 g rote Spitzpaprika

½ Bund Petersilie

GUSS

500 ml pflanzlicher Rahm

4 Eier

1 Prise Muskatnuss

2 EL Mehl

100 g Nährhefe

In einer grossen Pfanne das Olivenöl erwärmen und die Zwiebeln andünsten. Die Salbeiblätter hinzugeben. Hirse gut abspülen und in die Pfanne hinzugeben und mit Gemüsebouillon aufgiessen. Lorbeerblatt und Pfefferkörner dazugeben und für 10 Minuten leicht köcheln lassen.

In der Zwischenzeit das rohe Gemüse in sehr kleine Würfel schneiden und in die Hirsepfanne geben.

Die Zutaten für den Guss verrühren und mit der Hirse-Gemüsemischung vermischen und in eine grosse Auflaufform geben. Mit Nährhefe bestreuen und für ca. 30-40 Minuten bei 200 Grad Celsius backen.

24

Brokkoli-Tartar

4 PERSONEN   **507 g/PERSON**

ZUTATEN

500 g Brokkoli

20 Zitronenmelisseblätter

2 rote Zwiebeln

200 g Frischkäse (45 % Fett)

300 g Randen, roh

450 g Kartoffeln

100 g Mehl

1 TL Koriander, gemahlen

1 Prise Salz & Pfeffer

1 EL Olivenöl

1 Schuss Wasser

Brokkoli waschen. Strunk schälen und ganzen Brokkoli (Kopf und Strunk) in kleine Stücke schneiden. Brokkoli für 4 bis 5 Minuten in kochendem und gesalzenem Wasser garen. Brokkoli in ein Abtropfsieb giessen und unter kaltem Wasser abschrecken. Zitronenmelisse waschen und in kleine Stücke schneiden. Rote Zwiebeln schälen und hacken. Falls nötig, den Brokkoli noch feiner schneiden. Brokkoli, rote Zwiebeln, Zitronenmelisse und Frischkäse mischen, mit Salz und Pfeffer würzen.

Randen und Kartoffeln schälen und raffeln, dann mischen und grosszügig mit Salz, Pfeffer, Koriander und etwas Olivenöl würzen. Die Mischung mit nassen Händen zu flachen Küchlein formen. Im auf 180 Grad Celsius vorgeheizten Backofen für etwa 40 Minuten backen, bis sie knusprig sind. Alles zusammen servieren.

25

COUSCOUS-TELLER

4 PERSONEN **314 g/PERSON**

ZUTATEN

1 EL Olivenöl

1 Zwiebel, fein gehackt

1 Knoblauchzehe, gehackt

½ TL Kreuzkümmel, gemahlen

400 g Tomatenwürfel

600 g Süsskartoffeln,
in Würfel geschnitten

2 Zimtstangen

½ TL Safran

100 g getrocknete Aprikosen

100 g Datteln, ungesüsst

300 g Couscous

1 EL pflanzliche Butter

20 g Mandelsplitter

Etwas Olivenöl in einer grossen Backform auf mittlerer Stufe erhitzen. Zwiebeln anschwitzen, bis sie anfangen, weich zu werden, dann Knoblauch dazugeben und für 1 weitere Minute kochen lassen. Ingwer und Kreuzkümmel hinzufügen, umrühren und für ein paar Sekunden stehen lassen, bis es duftet. Tomaten und Süsskartoffeln beifügen. Für 3 bis 4 Minuten zum Kochen bringen. Hitze reduzieren und Zimtstange, Safran, Datteln und Aprikosen hinzufügen. Gut umrühren, mit einem Deckel abdecken und bei niedriger Hitze 35 bis 40 Minuten köcheln lassen oder bis die Kartoffeln weich und zart sind und die Mischung dickflüssig und durchgekocht ist. Wenn nicht genug Flüssigkeit vorhanden ist, noch mehr Wasser hinzugeben, oder die Mischung noch ein paar Minuten bei geschlossenem Deckel köcheln lassen, falls sie zu wässrig ist.

In der Zwischenzeit den Couscous nach Packungsanweisung zubereiten. In einer Pfanne etwas Butter bei mittlerer Hitze schmelzen und die Mandeln darin schwenken, bis sie leicht golden sind. Danach über die Mischung streuen und auf dem Couscous servieren.

26

GURKENGULASCH

4 PERSONEN   **589 g/PERSON**

ZUTATEN

4 Peperoni

2 grosse Gurken

2 Zwiebeln

1 Prise Salz & Pfeffer

1 L Gemüsebouillon

1 EL Tomatenpüree

1 EL Paprikapulver, rot

2 EL Thymian

250 ml Kochrahm, 15 % Fett

300 g Weissmehl

3 Eier

1 Prise Salz

1 dl Mineralwasser
(mit Kohlensäure)

Benötigt eine Spätzlipresse.
Falls Sie keine haben, benutzen
Sie eine Kartoffelpresse.

Gurken schälen, entkernen und in Würfel schneiden. Peperoni waschen, entkernen und wie die Gurken in Stücke schneiden. Zwiebeln schälen und fein würfeln. In einem grossen Topf das Olivenöl erhitzen und die Zwiebeln darin andünsten. Peperoni und Gurke zugeben und einige Minuten glasig dünsten. Mit der Gemüsebouillon aufgiessen, Tomatenmark einrühren und mit Paprikapulver, Salz und Thymian würzen. Den Rahm dazurühren und einige Minuten köcheln lassen.

SPÄTZLI
Mehl, Eier und Salz zu einem Teig verrühren. Nach und nach das Mineralwasser einrühren. Einen Topf mit kochendem Salzwasser vorbereiten, die Spätzlipresse auf den Topf stellen und den Teig sofort durch die Spätzlipresse ins Wasser drücken. Sobald die Spätzli an die Oberfläche kommen und zu schwimmen beginnen, portionsweise herausnehmen und in die vorgewärmte Backform füllen.

27

Mais–Tacos

4 PERSONEN **426 g/PERSON**

ZUTATEN

8 Taco-Schalen

1 grosse Zwiebel, fein gehackt

2 Knoblauchzehen, fein gehackt

1 TL Paprikapulver

200 g Tomaten, fein gewürfelt

3 TL Tomatenpüree

300 g rote Kidneybohnen (Abtropfgewicht)

50 ml Wasser

1 TL Kreuzkümmel, gemahlen

1 Prise Salz & Pfeffer

2 Peperoni

1 TL Currypulver

250 g Feta

1 Handvoll frischer Koriander

Backofen auf 200 Grad Celsius vorheizen.

Öl in einer grossen Bratpfanne erhitzen, Zwiebeln und Knoblauch andünsten und mit Pfeffer und Paprikapulver würzen. Gewürfelte Tomaten und Tomatenpüree hinzugeben. Gut umrühren und mit einer Gabel zerdrücken. Für 2 bis 3 Minuten leicht köcheln lassen. Kidneybohnen mit den Händen etwas zerdrücken, sodass sie weicher sind. In die Pfanne geben, dann 50 ml Wasser hinzufügen. Alles gut vermischen, mit Kreuzkümmel, Salz und Pfeffer würzen und ein wenig köcheln lassen. Zur Seite stellen.

In einer separaten Pfanne Öl erhitzen und Peperonistücke mit Currypulver gewürzt bei niedriger Hitze anschwitzen lassen.

Feta in 1 cm dicke Scheiben schneiden. Anschliessend die Taco-Schalen mit je einer Fetascheibe, etwas von der Bohnenmischung und den Peperoni füllen, dann in eine Pfanne geben und grillieren, um die Schale weicher zu machen.

Mit frischem Koriander servieren.

28

TABBOULEH

4 PERSONEN   **424 g/PERSON**

ZUTATEN

600 g Tomaten

400 g Gurken

6 TL frische Minze

1 Bund frische Petersilie

6 Frühlingszwiebeln

6 Zitronen, gepresst

6 EL Olivenöl

500 g Kichererbsen (Abtropfgewicht)

1 Prise Salz & Pfeffer

150 g Bulgur oder Couscous

Wenn Sie Bulgurweizen verwenden: Zuerst in kaltem Wasser abspülen und gut abtropfen lassen. Couscous oder Bulgurweizen: Beides in eine Schüssel geben und mit heissem Wasser bedecken, einweichen, bis alles weich ist. Dann mit dem Rezept fortfahren.

Tomaten, Gurken, frische Minze, Petersilie und die Zwiebeln fein schneiden. Alles in einer grossen Schüssel kombinieren. Couscous oder Bulgur hinzufügen und Zitronensaft, Olivenöl und einen Spritzer Wasser dazumischen. Die Kichererbsen unterrühren und mit Salz und Pfeffer würzen. Mit einem Porzellanteller abdecken und die Aromen 1 bis 2 Stunden im Kühlschrank ziehen lassen.

29

APRIKOSENKNÖDEL

4 PERSONEN   **419 g/PERSON**

ZUTATEN

2 Eier

140 g pflanzliche Butter, weich

500 g Quark

280 g Mehl

2 Prisen Salz

12 Aprikosen

6 Zuckerwürfel, halbiert

2 EL pflanzliche Butter

280 g Paniermehl

ZUM SERVIEREN

4 TL Zimt

6 TL Zucker

Ergibt 12 Knödel.

Eier und Butter zusammen verrühren, bis sie luftig und cremig sind. Quark, Mehl und Salz hinzugeben und zu einem Teig kneten. Den Teig in 12 gleich grosse Stücke teilen und diese auf einer leicht bemehlten Oberfläche auswallen. Jedes Teigstück zu einer grossen runden Scheibe formen. Aprikosen waschen und trockentupfen. In jede Frucht einen Einschnitt machen, den Kern vorsichtig entfernen, ohne die Aprikose zu halbieren. Einen halben Würfelzucker in jede Aprikose stecken und die Frucht wieder schliessen. Je eine Aprikose in die Mitte einer Teigscheibe legen, die Ränder einfalten und das Ganze zu einem runden Knödel formen, bis die Aprikose vollständig mit Teig bedeckt ist. Die Ränder gut verschliessen.

Einen grossen Topf mit gesalzenem Wasser zum Kochen bringen und die Aprikosenknödel vorsichtig ins Wasser geben. Sie sollten einander nicht berühren. Hitze reduzieren und Knödel etwa 10 Minuten köcheln lassen – sie werden an die Oberfläche treiben, sobald sie fertig sind. Während die Knödel am Köcheln sind, Butter in einer Pfanne schmelzen und Paniermehl darin goldbraun rösten. Die fertigen Knödel gleichmässig in Paniermehl wenden. Optional: Mit Puderzucker und/oder Zimtzucker bestreuen. Warm servieren.

30

ERBSEN-TEICH

4 PERSONEN **449 g/PERSON**

ZUTATEN

1 El Olivenöl

1 Zwiebel, gehackt

1 EL grüne Currypaste

500 g Erbsen

400 ml Kokosmilch

1 Stängel frisches Zitronengras

Frische Pfefferminze

250 ml pflanzliche Milch

50 g pflanzliche Butter

1 TL Salz

1 Prise Pfeffer

½ TL Koriander, gemahlen

200 g Buchweizenmehl

1 Ei

In einem Topf Olivenöl erhitzen und Zwiebeln 2 Minuten lang anbraten. Currypaste einrühren. 300 g Erbsen zugeben, dann mit Kokosmilch aufgiessen und zum Kochen bringen. Zitronengras in den Topf geben und Pfefferminze hinzufügen. Für 10 bis 15 Minuten kochen, bis die Erbsen weich sind.

Zitronengras herausnehmen. Erbsen vom Herd nehmen und die Mischung pürieren.

Für die Buchweizenknödel Milch und Butter in einem Topf verrühren und zum Kochen bringen. Hitze reduzieren und mit Salz, Pfeffer und Koriander würzen. Vom Herd nehmen, Mehl dazugeben und weiterrühren, bis die Masse zu einem Teig wird. Sobald diese abgekühlt ist, ein Ei unterrühren.

Mit feuchten Händen und einem Teelöffel golfballgrosse Knödel formen. Salzwasser zum Kochen bringen und die Knödel einzeln hineinlegen. So lange im Wasser lassen, bis sie an die Oberfläche steigen. 5 bis 8 Minuten weiterkochen. In der Zwischenzeit die restlichen Erbsen kochen und über das angerichtete Gericht geben.

31

TOFUBÄLLCHEN

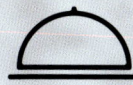 

4 PERSONEN **426 g/PERSON**

ZUTATEN

BÄLLCHEN
300 g Tofu

2 Frühlingszwiebeln

1 Knoblauchzehe

60 g Buchweizenmehl

60 g Kichererbsenmehl

1 Prise Salz & Pfeffer

1 TL Koriander, gemahlen

1 TL Ingwerpulver

½ Tasse Wasser

1 EL Olivenöl

CURRY
1 EL Olivenöl

1 Zwiebel

300 g Karotten

200 g Erbsen

300 g Brokkoli

1 TL Koriander, gemahlen

1 TL Currypulver, mild

1 Prise Salz & Pfeffer

2 Lorbeerblätter

600 ml Buttermilch

2 TL Maizena

TOFUBÄLLCHEN
Alle Zutaten in einem Mixer zerkleinern und mit nassen Händen kleine Bällchen formen. Die Bällchen auf ein Backblech geben und für ca. 20 Minuten bei 175 Grad Celsius backen.

CURRY
In einem grossen Topf die fein gehackten Zwiebeln in heissem Öl andünsten, bis sie glasig werden. Karottenstücke und Erbsen leicht vorkochen und beigeben, Mit Koriander, Currypulver, Salz und Pfeffer gut würzen, Maizena mit einem kleinen Schuss warmem Wasser vermischen und gut verrühren, bis es flüssig ist, anschliessend in die Buttermilch einrühren. Die Lorbeerblätter im Gemüsetopf dazulegen und mit Buttermilch aufgiessen, für ein paar Minuten zum Kochen bringen. Die Tofubällchen hinzufügen, abschmecken und auf niedriger Temperatur sieden lassen.

32

LINSENPUFFER

4 PERSONEN   **387 g/PERSON**

ZUTATEN

ZAZIKI

2 TL Olivenöl

2 Knoblauchzehen, fein gehackt

1 Prise Salz

1 EL Dill

120 g Crème fraîche

120 g Naturejoghurt

1 grosse Gurke, geraffelt

LINSENKÜCHLEIN

½ l Gemüsebouillon

½ l Wasser

250 g rote Linsen

1 kleine Frühlingszwiebel, fein gehackt

1 kleine Knolle Ingwer, geschält und fein gehackt

1 TL Leinsamen, geschrotet

100 g Mehl

1 Prise Salz & Pfeffer

½ TL Kreuzkümmel

Rapsöl zum Braten

50 g Amaranth

MANGOLD

1 TL pflanzliche Butter

2 Knoblauchzehen, fein gehackt

1 grosser Bund Mangold

120 ml Gemüsebouillon

ZAZIKI

Olivenöl, Knoblauch, Salz und Dill in einer Schüssel gut mischen. Crème fraîche und Joghurt in eine separate Schüssel geben, Knoblauchmischung dazugeben und wiederum gut mischen. Gurke schälen, Kerne entfernen und grob raffeln. Mit einem Löffel die restliche Flüssigkeit herausdrücken. Mit der Joghurtmischung kombinieren und umrühren, bis alles gut vermengt ist. Zaziki für 2 bis 3 Stunden in den Kühlschrank stellen – dadurch vermischen sich die verschiedenen Aromen wunderbar.

LINSENPUFFER

Einen Topf mit Wasser und Gemüsebouillon füllen. Die roten Linsen zugeben und 15 Minuten kochen. Linsen abspülen und leicht pürieren. In der Zwischenzeit die Leinsamen mit 3 EL warmen Wasser vermischen und für 15 Minuten ruhen lassen, bis es bindet. Zwiebeln, Ingwer, Kichererbsenmehl und Leinsamen untermischen. Mischung mit Salz, Pfeffer und Kreuzkümmel würzen und gut vermischen. Mit feuchten Händen die Masse zu kleinen Küchlein formen und mit Amaranth panieren.

In einer grossen Pfanne etwas Öl bei mittlerer Hitze erhitzen, ein Küchlein nach dem anderen in die Pfanne geben und auf jeder Seite etwa 5 Minuten oder bis sie schön gebräunt sind braten.

MANGOLD

Butter in einem Topf schmelzen und Knoblauch darin andünsten. Mangold und Stiele in Streifen schneiden und in den Topf geben. Mit einem Deckel abdecken, auf kleiner Flamme schmoren lassen, bis die Blätter zusammengefallen sind. Bouillon zugeben und 5 Minuten köcheln lassen, bis der Mangold weich und gar ist.

33

AUBERGINEN-RAGOUT

4 PERSONEN   **241 g/PERSON**

ZUTATEN

2 EL Olivenöl

Knoblauchzehe

200 g Zwiebeln, fein gehackt

2 grosse Karotten, fein gehackt

350 g Aubergine, klein gewürfelt

500 g Tomaten, gewürfelt

1 Prise Salz & Pfeffer

½ TL Kreuzkümmel, gemahlen

2 TL Paprikapulver

1 dl Wasser

400 g Polenta

1,2 l Gemüsebouillon

1 grosse Lauchstange

In einer Pfanne das Öl erhitzen und die gehackten Zwiebeln und den Knoblauch andünsten. Die sehr klein gehackten Karotten in Wasser leicht weich kochen und in die Pfanne geben. Die Auberginenstücke und Tomatenwürfel dazugeben, gut würzen und umrühren. Das Wasser beigeben und aufkochen lassen. Abschmecken und die Pfanne mit einem Deckel auf die Seite geben und ziehen lassen.

Backofen auf 150 Grad Celsius vorheizen.

In einem grossen Kochtopf 1,2 Liter Gemüsebouillon zubereiten und die Polenta einmischen, sobald das Wasser kocht. Gut umrühren, bis das Wasser verkocht ist. Falls nötig den Topf von der Hitze nehmen. Die Polenta ein wenig auskühlen lassen und mit nassen Händen zu Kugeln formen.

Die geformte Polenta auf ein Backblech geben und 10 Minuten backen, bis sie knusprig ist.

Den Lauch in Ringe schneiden und in einem Topf mit der restlichen Gemüsebouillon blanchieren. Zusammen servieren.

34

WALDORFSALAT

4 PERSONEN **330 g/PERSON**

ZUTATEN

MAYONNAISE

1 Ei

1 Prise Salz

1 TL Zucker

½ TL Zitronensaft

½ TL Senf

120 ml Sonnenblumenöl

5 TL Naturejoghurt

SALAT

700 g Knollensellerie

400 g Äpfel

2 TL Zitronensaft

20 rote Trauben, halbiert

50 g Walnüsse, grob gehackt

2 Mandarinen

4 Scheiben Roggenbrot

MAYONNAISE-DRESSING

Ei, Salz, Zucker, Zitronensaft und Senf vermengen. Mit einem Stabmixer gut mischen. Nach und nach Öl hinzugeben, bis die Mayonnaise dickflüssig ist. Joghurt in die Mayonnaise mixen, um sie in ein leichteres Dressing zu verwandeln.

SALAT

Knollensellerie schälen und raffeln, den Apfel in dünne Scheiben schneiden. Beides in einer Schüssel mischen und etwas Zitronensaft hinzufügen, damit es nicht braun wird. Mit der Mayonnaise vermengen und Trauben, halbierte Mandarinenscheiben und Walnüsse dazugeben. Gut mischen und im Kühlschrank abkühlen lassen, mit Brot servieren.

35

BLUMENKOHLCURRY

4 PERSONEN

593 g/PERSON

ZUTATEN

750 g Blumenkohl

2 TL Olivenöl

300 g Basmatireis

1 grosse Zwiebel, fein gehackt

1 TL Ingwer, frisch gerieben

1 TL Kreuzkümmel, gemahlen

½ TL Cayennepfeffer

2 TL Currypulver, mild & süss

½ TL Kreuzkümmel

1 Prise Salz & Pfeffer

200 g Champignons, in Scheiben geschnitten

400 ml Buttermilch

4 Stängel Petersilie, frisch

100 g Trauben, grün

Olivenöl in einer grossen Pfanne erhitzen und Blumenkohlröschen anbraten, bis sie leicht braun, aber nicht verbrannt sind. Beiseitestellen.

In der Zwischenzeit den Reis nach Packungsanleitung kochen. In einer separaten Pfanne das Olivenöl auf mittlerer Stufe erhitzen und die gehackte Zwiebel anschwitzen. Dann fein geriebenen Ingwer hinzugeben. Mit gemahlenem Kreuzkümmel, Cayennepfeffer und Salz und Pfeffer würzen. Weiter sautieren.

Champignons und Buttermilch hinzugeben. Blumenkohlröschen dazugeben und die Mischung zum Kochen bringen, dann für 10 Minuten köcheln lassen. Abschmecken und bei Bedarf nachwürzen. Mit frischer Petersilie servieren. Wenn Sie einen süssen, erfrischenderen Geschmack möchten, einige Trauben dazugeben.

36

POLENTALASAGNE

4 PERSONEN **551 g/PERSON**

ZUTATEN

300 g Polentagriess

1 EL Olivenöl

½ Zwiebel

1 Knoblauchzehe

200 g Grünkohl

1 TL Butter

200 g Champignons

1 EL frische oder getrocknete Petersilie

400 g Tomaten, gewürfelt

1 TL getrockneter Oregano

250 g Ricotta

150 g Nährhefe

BECHAMEL-SAUCE

3 TL Mehl

2 TL Butter

200 ml Milch

1 Prise Salz

1 Prise weisser Pfeffer

1 Prise Muskatnuss

In einem grossen Topf 600 ml Salzwasser zum Kochen bringen und nach und nach die Polenta einrühren. Hitze reduzieren, häufig umrühren und 30 Minuten köcheln lassen, bis die Polenta fest wird. Die Masse in eine Kastenform von etwa 12 x 5 cm geben und auskühlen lassen.

Öl in einem Topf erhitzen, gehackte Zwiebeln zugeben und andünsten. Den fein gehackten Knoblauch und Grünkohl zugeben, mit Petersilie würzen, Deckel auflegen und dünsten lassen, bis das Gemüse weich wird. In einer zweiten Pfanne Olivenöl mit etwas Butter erhitzen und die Pilze bei kleiner Hitze andünsten und mit dem Grünkohl vermengen. In einer dritten Pfanne die Tomaten erwärmen und mit Salz, Pfeffer und Oregano würzen. Beiseitestellen.

Für die Béchamelsauce Butter in einem kleinen Topf schmelzen. Mehl zugeben und sofort rühren, bis es blubbert. Vom Herd nehmen. Kalte Milch unter ständigem Rühren dazugiessen. Die Sauce nicht zu dünn werden lassen. Mit Salz, weissem Pfeffer und Muskatnuss würzen. Wieder auf den Herd stellen, und die Béchamelsauce ca. 8 bis 10 Minuten köcheln lassen, bis sie eindickt. Die Hitze reduzieren und die Hälfte des geriebenen Parmesans einrühren. Die abgekühlte und fest gewordenen Polenta in etwa 1 cm dicke Scheiben schneiden.

Die Backform mit Butter einpinseln und den Boden mit Polentascheiben auslegen. Darauf eine Schicht Tomatensauce verteilen, gefolgt von einer Schicht der Grünkohl-Pilz-Mischung und Ricotta. Den Vorgang wiederholen und mit einer Schicht Béchamelsauce abschliessen. Mit Nährhefe bestreuen und die Lasagne bei 180 Grad Celsius für 30 bis 40 Minuten backen, bis die Oberfläche knusprig und goldbraun wird.

37

RANDEN-APFEL-SALAT

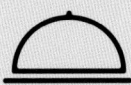 

4 PERSONEN   **561 g/PERSON**

ZUTATEN

1 kg Randen, gekocht

4 EL Weissweinessig

400 g Naturejoghurt

1 Prise Salz & Pfeffer

1 Knoblauchzehen, fein gehackt

Frischer Dill, gehackt

2 mittelgrosse säuerliche Äpfel, geraffelt

1 TL Zitronensaft

NUSS-KÜCHLEIN

400 g Ricotta

1 Ei

30 g Mehl

1 TL Selleriesalz

1 Prise Pfeffer

1 EL Dill

180 g Walnüsse, fein gemahlen

Randen in streichholzgrosse Stücke schneiden. In eine grosse Schüssel geben und mit Weissweinessig übergiessen. 4 Stunden oder über Nacht ruhen lassen.

MARINADE
In einer separaten Schüssel das Naturejoghurt cremig rühren und mit Salz, Pfeffer, Knoblauch, Dill, geraspelten Äpfeln und Zitronensaft kombinieren. Gut mischen. Die Marinade zu den Randen geben und gut zu einem Salat vermischen.

NUSS-KÜCHLEIN
Backofen auf 180 Grad Celsius vorheizen.
Ricotta mit Ei, Salz und Pfeffer rühren, bis es eine glatte Konsistenz gibt. Mehl und Dill beifügen.
Backpapier in Muffinformen geben, mit einer sehr dünnen Schicht Walnüsse befüllen und die mit nassen Händen geformten runden flachen Küchlein platzieren. Die obere Fläche und Seiten ebenfalls mit Nuss bestäuben. Für ca. 15 Minuten backen. Am besten mit Alufolie abdecken, damit die Nüsse nicht verbrennen.

38

MINESTRONESUPPE

4 PERSONEN

CO2
284 g/PERSON

ZUTATEN

2 EL Olivenöl

1 Zwiebel

1 Lauchstange

2 orange Karotten

2 gelbe Karotten

1 Kohlrabi

1,5 l Gemüsebouillon

800 g Tomaten

200 g Pasta, Cavatelli or Orecchiette

2 EL Tomatenpüree

1 Prise Salz & Pfeffer

300 g Cannellini-Bohnen (Abtropfgewicht)

2 EL Petersilie, frisch oder getrocknet

Gemüse waschen und klein schneiden. Olivenöl in einem grossen Topf erhitzen und Zwiebel anschwitzen. Lauch, Karotten und Kohlrabi hinzufügen und andünsten.

Bouillon dazugeben, zum Kochen bringen und für 5 Minuten kochen lassen, bis das Gemüse weich zu werden beginnt.

Während das Gemüse am Kochen ist, Tomaten schälen und in Würfel schneiden, dann zusammen mit der Pasta und dem Tomatenmark in den Topf geben. Mit Salz und Pfeffer würzen und so lange kochen, bis die Pasta al dente ist. Bohnen hinzugeben und ein paar Minuten köcheln lassen. Mit frischer Petersilie servieren.

GEFÜLLTE PEPERONI

4 PERSONEN   **531 g/PERSON**

ZUTATEN

4 Peperoni

150 g schwarze Bohnen
(Abtropfgewicht)

200 g Reis

½ rote Zwiebel

400 g reife Tomaten

½ TL Koriander, gemahlen

1 Prise Chilipulver

Frische Petersilie

1 Prise Knoblauchsalz

1 Prise Pfeffer

100 g Feta

400 ml Tomatenpassata

1 Brokkoli

Backofen auf 250 Grad Celsius vorheizen.

Reis nach Anleitung kochen. Für die Salsa Tomaten, Zwiebel, Koriander, Chilipulver und Petersilie in Küchenmaschine mixen. Nach Geschmack mit Knoblauchsalz und Pfeffer würzen. Wenn Sie es schärfer mögen, Chilisauce oder Jalapeños hinzugeben. Reis und Bohnen mit Salsa mischen.

Peperoni waschen, Deckel abschneiden und Inneres entfernen. Die Peperoni mit der Reismischung füllen und mit Käse bestreuen. Peperonideckel wieder aufsetzen.

Gefüllte Peperoni in eine Ofenform stellen, Passata neben Peperoni in Form giessen, Brokkoliröschen in der Passata verteilen und für rund 30 bis 40 Minuten (oder bis die Peperoni gar sind und der Käse geschmolzen ist) bei 180 Grad Celsius im Backofen backen.

QUITTENBOWL

4 PERSONEN

582 g/PERSON

ZUTATEN

2 grosse Quitten

½ l Wasser

1 TL Ingwerpulver

2 TL Zucker

2 EL Sonnenblumenöl

200 g Tofu, in kleine Würfel geschnitten

2 Zwiebeln, fein gehackt

2 Knoblauchzehen, fein gehackt

1 TL Currypulver, mild &süss

1 Prise Salz

100 ml Kochrahm

REISPATTIES

500 g Risottoreis

1 EL pflanzliche Butter

70 g Mehl

1 Prise Salz & Pfeffer

1 EL Olivenöl

Die Früchte mit einem Tuch gut abreiben. Quitten schälen, das Kerngehäuse entfernen und in Achtel schneiden. Kerngehäuse und Schale in einen Topf geben und einen halben Liter Wasser hinzufügen. Mischung zum Kochen bringen und 10 Minuten kochen. Den Saft durch ein Sieb giessen, Zucker und Ingwer einrühren. Die Quittenstücke in den Saft legen und 10 bis 15 Min. köcheln lassen. In einer separaten tiefen Pfanne Tofuwürfel in Öl goldbraun braten. Beiseitestellen. In der gleichen Pfanne Zwiebeln und Knoblauch 10 Min. bei geringer Hitze anbraten. Quitten mit Saft zugeben, umrühren und 4 bis 5 Min. köcheln lassen. Dabei immer wieder umrühren. Mit Currypulver und Salz würzen. Kochrahm einrühren und bei mittlerer Hitze noch einige Minuten köcheln lassen. Tofu vorsichtig hinzugeben und umrühren. Einige Minuten bei schwacher Hitze köcheln lassen.

REIS-PATTIES

Den Reis spülen und abtropfen lassen, dann nach Anleitung kochen. Mit Salz und Pfeffer würzen und das Mehl und die pfanzliche Butter unterrühren. Die Reismasse mit feuchten Händen zu Patties formen. Olivenöl in einer Pfanne erhitzen und die Reisfladen bei mittlerer Hitze auf jeder Seite braten, bis sie anfangen, golden zu werden. Zusammen mit den Quitten servieren.

KÜRBISSUPPE

4 PERSONEN

356 g/PERSON

ZUTATEN

1 kg Kürbis

300 g Süsskartoffeln

4 TL Butter

1 Knoblauchzehe

1 kleine Zwiebel

1 Apfel

1 TL Ingwer, gerieben

1 Prise Paprikapulver, mild

Schwarzer Pfeffer

1 TL Currypulver, mild

500 ml Gemüsebouillon

200 ml Wasser

200 g Sauerrahm

3 TL Kürbiskerne

4 Brötchen

Backofen auf 180 Grad Celsius vorheizen.

Deckel des Kürbisses abschneiden, die Kerne mit einem Löffel herausnehmen und das Fruchtfleisch herauskratzen. Achten Sie darauf, nicht zu tief zu schaben, wenn Sie die Suppe im Kürbis servieren wollen. Kürbisfleisch und Süsskartoffeln würfeln, auf ein Backblech legen und im Ofen 10 Minuten bei 180 Grad Celsius rösten.

In einem grossen Topf Butter schmelzen. Knoblauch und Zwiebel würfeln und bei mittlerer Hitze anbraten, bis sie weich werden. Kürbis-, Süsskartoffel- und Apfelstücke sowie Ingwer und Currypulver dazugeben. 2 bis 3 Minuten umrühren.

Mit Bouillon und Wasser aufgiessen, zum Kochen bringen und 20 bis 30 Minuten köcheln lassen, bis der Kürbis weich ist. Den Topf vom Herd nehmen und Suppe mit einem Stabmixer pürieren.

Mit Pfeffer abschmecken und beim Servieren den Sauerrahm einrühren.

42

WOK

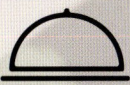 

4 PERSONEN　　**585 g/PERSON**

ZUTATEN

350 g Brokkoli

2 EL Olivenöl

1 Knoblauchzehen, fein gehackt

1 TL frisch geriebener Ingwer

2 rote Peperoni

2 rote Zwiebeln, fein gehackt

100 g Bohnensprossen

1 TL Chiliflocken

45 ml Sojasauce

2 TL Paprikapulver

1 Prise Salz & Pfeffer

400 g Reisnudeln

40 g Erdnüsse, ungesalzen

Brokkoli waschen, in kleine Röschen schneiden und in einem Topf mit Wasser bissfest kochen. Öl in einer grossen Wokpfanne bei mittlerer Hitze erhitzen. Knoblauch und Ingwer 2 Minuten anbraten. Rote Peperonistreifen und Frühlingszwiebeln untermischen und 1 bis 2 Minuten mitbraten. Den gekochten Brokkoli und die Bohnensprossen unterrühren. Grosszügig Chiliflocken und Sojasauce darüberträufeln, durchschwenken und 3 bis 4 Minuten braten. Mit Paprikapulver, Salz und Pfeffer abschmecken.

In der Zwischenzeit die Reisnudeln nach Packungsanweisung zubereiten und beiseitestellen. In einem separaten kleinen Topf das Olivenöl erhitzen und die Erdnüsse 2 Minuten bei mittlerer Hitze rösten.

Nudeln und die gerösteten Erdnüsse im Wok mischen, schwenken und servieren.

43

BLUMENKOHLSCHNITZEL

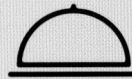 

4 PERSONEN   **455 g/PERSON**

ZUTATEN

700 g Blumenkohl, ganz

150 g Mehl

2 Eier

2 dl Milch

50 g Cornflakes, ungesüsst

150 ml Rapsöl

4 EL Preiselbeerkonfitüre

1 Zitrone

250 g Hörnli-Nudeln

Butter

frische Petersilie

Den Blumenkohl vertikal in dicke Scheiben schneiden und in köchelndem Wasser leicht weich kochen und mit kaltem Wasser abschrecken.

Dann wird die Blumenkohlscheibe zuerst in einem Teller mit Mehl gewendet, als Nächstes in einem Teller mit verquirltem Ei vermischt mit Milch durchziehen und zuletzt in einem Teller mit zerbröselten Cornflakes wenden.

In einer grossen Pfanne Öl erhitzen und das Schnitzel von beiden Seiten goldbraun anbraten. Die Nudeln kochen und mit ein wenig Butter und frisch gehackter Petersilie zubereiten.

Das Blumenkohlschnitzel mit Zitronenscheiben, frischer Petersilie und Preiselbeerkonfitüre servieren.

44

BUTTERNUSS-BAKE

4 PERSONEN   **390 g/PERSON**

ZUTATEN

STRUDEL

1 Mürbeteig

1,5 kg Butternuss-Kürbis

80 g Topinambur

1 Ei

SPINAT

20 g pflanzliche Butter

1 kleine Zwiebel, fein gehackt

500 g frischer Spinat

2 Prisen Muskatnuss

Salz & Pfeffer

ROTKRAUT

40 g pflanzliche Butter

20 g Zucker, weiss

1 kleine Zwiebel, fein gehackt

¾ kg Rotkohl, gehobelt

3 EL Apfelessig

1 Apfel, gerieben

1 TL Kümmelsamen

20 g Mehl

1 Prise Salz & Pfeffer

Den Butternuss-Kürbis schälen und am unteren Ende ein kleines Loch schneiden und mit einem dünnen langen Löffel die Kürbiskerne herausschaben.

Legen Sie ein Backpapier auf ein Backblech und rollen Sie den Teig aus. Den Topinambur fein raffeln und leicht in die innere Seite des Teiges drücken, bevor der Butternuss-Kürbis eingerollt wird. Den Strudel mit Wasser bepinseln und für 40 Minuten bei 180 Grad Celsius bei Ober-und Unterhitze backen.

SPINAT

Erwärmen Sie in einer Pfanne die Butter und dünsten Sie die Zwiebeln an, gefolgt vom Spinat.
Mit Salz, Pfeffer und Muskatnuss abschmecken.

ROTKRAUT

Die Butter in einer Pfanne schmelzen, den Zucker beigeben und golden werden lassen. Die gehackten Zwiebeln hinzugeben, gefolgt von dem Rotkraut, dem Essig, den Apfelstangen, Kümmel, braunem Zucker und einer Prise Salz. Gut umrühren, mit Deckel abdecken und im Dampf weich werden lassen. Das Kraut mit Mehl bestäuben und mit Wasser aufgiessen. Mit Salz und Pfeffer abschmecken.

45

BIRNEN-BUCHWEIZEN-BOWL

4 PERSONEN   **353 g/PERSON**

ZUTATEN

500 g Buchweizen

1 Prise Salz

40 g Ricotta

30 g Butter

4 Stängel Rosmarin, frisch

60 g Walnüsse, fein gehackt

20 g Butter

2 Birnen

100 ml Wasser

3 EL Zucker

150 ml Weisswein

1 Prise Zimt

2 EL Zitronensaft

Buchweizen waschen und in doppelter Menge Wasser weich köcheln, salzen und zur Seite stellen.

In einer grossen Pfanne Butter erwärmen und den Rosmarin und die gehackten Walnüsse leicht anrösten. Den Buchweizen gefolgt von Ricotta dazu mischen.

BIRNE

In einem Topf den Zucker auf niedriger Stufe erwärmen. Kurz bevor der Zucker beginnt zu karamellisieren, von der Herdplatte nehmen und mit Wasser ablöschen und rühren. Weisswein, Zitronensaft und Zimt hinein rühren und aufkochen lassen. Sobald der Sud kocht, die geschälten und mit Stiel halbierten Birnen in dem siedenden Wasser für 10 Minuten einlegen.

Zusammen servieren.

46

RÜEBLITARTE

4 PERSONEN   **537 g/PERSON**

ZUTATEN

800 g Karotten

1 Stück rechteckiger Kuchenteig (300 g)

15 g Butter

3 EL Zucker

100 g Hüttenkäse

20 g Petersilie, frisch

Salz und Pfeffer

Ofen auf 220 Grad Celsius (Umluft) vorheizen.

Backpapier auf einem Backblech ausbreiten und mit Zucker in dem Format des Kuchenteiges bestreuen und auf mittlerer Rille für ungefähr 5 Minuten karamellisieren.

Währenddessen die Karotten schälen und längs in ca. 1 bis 2 cm breite Streifen schneiden. Den Kuchenteig ausrollen und mit einer Gabel mehrmals durchstechen.

Das Backblech herausnehmen und klein geschnittene Butterstücke auf dem Karamell verteilen. Die Karottenstücke mit Schnittflächen nach oben auf dem Backblech in Grösse des Teiges lückenlos anordnen. Salzen und mit ⅓ der Kräuter bestreuen. Zuletzt den Teig darauflegen und mit dem Rand die Karotten gut umschliessen.

Für 20 bis 25 Min. auf der untersten Rille im Ofen backen.

Die restliche Petersilie (mit Stielen) hacken und mit Hüttenkäse und Pfeffer vermischen.

Goldbraune Tarte auf ein Brett stürzen und mit dem Hüttenkäse servieren.

47

KASTANIEN AUF ROTKOHL

4 PERSONEN   568 g/PERSON

ZUTATEN

ROTKOHL

40 g pflanzliche Butter

1 kleine Zwiebel, fein gehackt

750 g Rotkohl, gehobelt

3 TL Apfelessig

1 Apfel, gehobelt

1 TL Kreuzkümmel

20 g weisser Zucker

1 Prise Salz

20 g Mehl

1 Schuss Rotwein

POLENTA

1 l Gemüsebouillon

300 g Polenta

60 g pflanzliche Butter

1 Prise Salz

KASTANIEN

1 EL pflanzliche Butter

2 EL brauner Zucker

200 g Kastanien

ROTKOHL

Butter in einer Pfanne schmelzen und den Zucker goldbraun werden lassen. Gehackte Zwiebeln, Rotkohl, Essig, Apfelstifte, Kümmel, braunen Zucker und eine Prise Salz einrühren. Alles weich dünsten. Mit Mehl bestäuben und mit Rotwein oder Wasser aufgiessen. Mit Salz und Pfeffer abschmecken.

POLENTA

Die Bouillon zum Kochen bringen und nach und nach die Polenta einrühren. Salz und Butter einrühren und weitere 1 bis 2 Minuten auf kleiner Flamme rühren, bis die Masse so weit eingedickt ist, dass sie nicht mehr am Topf klebt. Etwas mehr Wasser hinzufügen, wenn Sie die Polenta dünner haben möchten.

KASTANIEN

Butter in einer kleinen Pfanne schmelzen. Auf kleiner Flamme halten und den Zucker einrühren, bis er sich in einen goldbraunen Sirup auflöst. Die Kastanien hinzugeben. Die Pfanne ein wenig schütteln, damit sich die Kastanien besser verteilen. Hitze reduzieren und 10 bis 15 Minuten köcheln lassen oder bis sie weich sind, dabei gelegentlich umrühren. Je nach Grösse kann es ein paar Minuten länger dauern. Zusammen servieren.

48

SCHWARZWURZELNPASTETLI

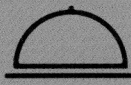

4 PERSONEN   **410 g/PERSON**

ZUTATEN

FÜR 8 PASTETLI

750 g Freekeh, geschrotet

1 Gemüsebouillonwürfel

1 TL Pfefferpulver

1 TL Oregano

3 Eier

2 TL Senf

2 TL Majoran

Butter

Muffinform

FÜLLUNG

450 g Schwarzwurzeln, roh

2 EL Zitronensaft

600 g Wirz

1 Prise Salz & Pfeffer

225 ml Kochrahm (15 % Fett)

1 Prise Muskatnuss

ZUBEREITUNG

Vorbereitung: In einem Kochtopf Freekeh, ½ Liter Wasser und zerbröckelten Gemüsebrühwürfel gut umrühren und zum Kochen bringen. Hitze ausschalten, und den Topf 15 bis 20 Minuten auf dem heissen Herd lassen, bis das Freekeh fest ist und keine Flüssigkeit mehr vorhanden ist. Sobald die Mischung abgekühlt ist, Eier, Senf und Oregano dazugeben. Rühren, bis es fest wird. Falls es nicht fest wird, etwas Maisstärke zugeben. Tipp: Sie können die Freekeh-Mischung auch am Vorabend zubereiten und im Kühlschrank ruhen lassen. Backofen auf 150 Grad Celsius vorheizen. Muffinform mit Butter einfetten und in jede Form etwas von der Mischung geben. Mit feuchten Fingern einen etwa 1-2 cm dicken Pastetenteig formen. Bei 150 Grad Celsius 15 bis 20 Minuten backen, bis alles knusprig und gar ist. Regelmässig kontrollieren, damit die Pastetli nicht verbrennen.

FÜLLUNG

Schwarzwurzeln abspülen und in Salzwasser ca. 30 Minuten kochen, bis sie weich, aber nicht matschig sind. Dann abgiessen, die Haut abziehen und in mundgerechte Stücke schneiden. Zurück in den Topf geben, mit Kochrahm aufgiessen, mit Salz und Pfeffer würzen und 1 bis 2 Minuten köcheln lassen. Wirz waschen und in Streifen schneiden. Einen Topf mit etwas Wasser füllen und den Wirz darin bei geschlossenem Deckel ca. 5 Minuten dünsten, bis er beginnt, weich zu werden. Ein paar Spritzer Rahm dazugeben und mit Salz, Pfeffer und Muskatnuss würzen. Umrühren und 1 bis 2 Minuten köcheln lassen. Die Pastetli aus der Form nehmen und mit dem Gemüse füllen.

49

FENCHEL-FALAFEL SALAT

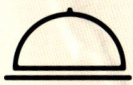 

4 PERSONEN   464 g/PERSON

ZUTATEN

FALAFEL

150 g Kichererbsen, getrocknet

1 kleine rote Zwiebel,
fein gehackt

1 Zitrone

2 EL Olivenöl

1 Knoblauchzehe, fein gehackt

3 EL Dillgewürz

1 Bund Petersilie, fein gehackt

1 Prise Kardamom

1 Prise Salz

1 TL Kreuzkümmel, gemahlen

1 TL Backpulver

2 TL Mehl

150 ml Sonnenblumenöl

SALAT

3 Fenchel,
in Streifen geschnitten

2 Orangen,
in Schnitze geschnitten

1 rote Zwiebel,
in Ringe geschnitten

DRESSING

3 TL Senf

1 TL Honig

60 ml Olivenöl

40 ml Balsamico

FALAFEL

Die getrockneten Kichererbsen in einer grossen Schüssel mit doppelter Menge warmen Wasser über Nacht einweichen lassen. Abtropfen und die eingeweichten Kichererbsen schälen. Mit Pürierstab oder Küchenmaschine klein mürben. Die restlichen Zutaten hinzufügen und gut mixen. Das Öl, Salz, Mehl und Backpulver hinzufügen und vermengen. In einer tiefen Pfanne das Öl erhitzen und die mit feuchten Händen klein geformten Falafelbällchen einlegen und frittieren.

SALAT

Die Dressing-Zutaten in einem Glas vermischen und mit Fenchel- und Orangenscheiben und Zwiebelringen auf einem Teller anrichten. Mit ausgekühlten Falafeln servieren.

50

Schupfnudeln

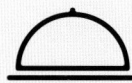 

4 PERSONEN   **206 g/PERSON**

ZUTATEN

1 kg Kartoffeln

250 g Mehl

1 Prise Speisesalz

1 Prise Muskatnuss

20 g Kartoffelstärke

120 g pflanzliche Butter

1 Handvoll Salbeiblätter

100 g Walnüsse, fein gehackt

90 ml pflanzlicher Rahm

1 TL Zitronensaft oder
geriebene Zitronenschale

1 Prise Salz & Pfeffer

NUDELN

Kartoffeln kochen, bis sie weich sind. Sobald sie abgekühlt sind, schälen und mit einem Kartoffelstampfer zerdrücken. Mit Mehl, Salz, Muskatnuss, Ei und 20 g geschmolzener Butter in eine grosse Schüssel geben. Gut mischen und kneten, bis ein glatter Teig entsteht. Eine Handvoll Teig abbrechen und mit den Händen auf einer gut bemehlten Fläche ausrollen, bis er die Form eines dicken Strangs hat. In 5 bis 8 cm lange Nudeln schneiden. In einem grossen Topf Salzwasser zum Kochen bringen. Ein paar Nudeln ins Wasser geben, bis sie an die Oberfläche schwimmen. 40 bis 60 Sekunden im Wasser pochieren, bevor Sie sie herausnehmen. Dann die nächste Ladung zubereiten. In einer grossen Pfanne Butter schmelzen. Bei mittlerer Hitze die Nudeln auf beiden Seiten goldbraun braten.

WALNUSS-SAUCE

In einer grossen Pfanne die restlichen 100 g Butter schmelzen und Salbei 2 Minuten bei geringer Hitze rösten. Mehr Butter und die Walnüsse dazugeben und ein bis zwei Minuten weiterbraten. Den Rahm, die Zitrone und wenn nötig einen Spritzer Wasser einrühren. Mit Salz und Pfeffer würzen und umrühren. Die Hitze für ein paar Sekunden erhöhen, bevor Sie die Sauce vom Herd nehmen.

51

ROSENKOHLPFANNE

4 PERSONEN   **425 g/PERSON**

ZUTATEN

2 grosse Kartoffeln

300 g Rosenkohl

1 EL Olivenöl

½ TL Senfkörner

½ EL Korianderpulver

½ EL Ingwer, gemahlen

1 TL Currypaste

½ TL Kurkuma, gemahlen

1 Knoblauchzehe,
fein geschnitten

1 kleine Zwiebel

1 Handvoll Cashewnüsse

300 ml Buttermilch

1 TL Maizena

Salz & Pfeffer

Frische Petersilie

Kartoffeln in heissem Wasser kochen, bis sie weich sind. Anschliessend schälen, in kleine Stücke schneiden und beiseitelegen.

Rosenkohl in kochendem Salzwasser 4 bis 5 Minuten blanchieren, bis er anfängt, weich zu werden. Öl in einem tiefen, grossen Topf erhitzen, Senfkörner hineingeben und warten, bis sie zu knistern und knacken beginnen. Fein gehackten Knoblauch zugeben und bei schwacher Hitze anbraten. Mit Koriander, Ingwer, Currypaste und Kurkuma würzen. Umrühren und gehackte Zwiebeln und Cashewnüsse hinzufügen. 3 Minuten bei schwacher Hitze anbraten. Maizena mit einem kleinen Schuss warmen Wasser vermischen und gut verrühren, bis alles flüssig ist, anschliessend in die Buttermilch einrühren und in die Pfanne geben. Gut umrühren und ein wenig köcheln lassen. Kartoffeln und Rosenkohl zugeben. Mit Salz würzen, umrühren und mit einem Deckel abdecken. Hitze reduzieren und vor dem Servieren 5 Minuten auf dem heissen Herd ruhen lassen. Mit frischer Petersilie servieren.

RISOTTO

4 PERSONEN   **589 g/PERSON**

ZUTATEN

500 g Risottoreis

2 EL Olivenöl

2 kleine Zwiebeln, gehackt

1 Knoblauchzehe, fein gehackt

1 Glas Prosecco

1 l Gemüsebouillon

1 Prise Salz & Pfeffer

500 g Lauch

50 g pflanzliche Butter

200 g Apfel

50 g geriebener Parmesan

Olivenöl in einem Kochtopf erhitzen, Hitze reduzieren und dann die fein gehackten Zwiebeln und den Knoblauch dazugeben. Etwa 5 bis 7 Minuten sehr langsam kochen, bis sie glasig sind – das Ganze nicht anbrennen lassen. Risottoreis hinzufügen, die Hitze erhöhen und häufig umrühren, damit der Reis nicht anbrennt oder am Topf kleben bleibt. Nach 1 oder 2 Minuten wird er glasig.

Jetzt ein Glas Prosecco hinzugeben und so lange rühren, bis der Alkohol verdampft ist und der Reis den Prosecco aufgenommen hat. Eine Kelle heisse Bouillon und eine Prise Salz hinzugeben, umrühren und warten, bis alle Flüssigkeit aufgesogen wurde. Die Temperatur sollte knapp unter dem Siedepunkt liegen. Weiterhin schöpfkellenweise Bouillon hinzufügen und dabei ständig umrühren.

Nach 15 bis 20 Minuten probieren und prüfen, ob der Risotto weich ist. Wenn nicht, weiter Bouillon hinzugeben, bis der Reis cremiger ist, aber nicht matschig wird. Lauch waschen, in Ringe schneiden und 4 bis 5 Minuten in einer mittelgrossen Pfanne mit geschmolzener Butter anschwitzen. Beiseitestellen.

Den Apfel schälen und entkernen, dann in feine Würfel schneiden und mit Zitrone beträufeln, damit er nicht braun wird. Sobald der Risotto ausreichend gekocht ist, vom Herd nehmen und Butter, Parmesan und nach Belieben etwas Pfeffer hinzugeben. Vorsichtig umrühren.

Den Lauch und den Apfel untermischen. Für 2 bis 3 Minuten einen Deckel auf die Pfanne legen, damit alles zu einem cremigen Risotto wird.